E.S.L. Su
Hadley Ju
Crescent Road,
Hadley.

SMDS
MADELEY COURT SCHOOL
COURT STREET, MADELEY
TELFORD TF7 5DZ
Telephone: 585704

In order to achieve the best results in both Urdu and English, the texts in this book are not literal translations.

The author and publisher would like to thank the following:

Mrs Khalda Haroon, Nighat, Nadeem, Nagina, and Faisal Haroon; Mrs Zahida Aslam, Gulnar and Sadia Aslam, and Kanti M. Vara for their participation in this book.

Habib-ur Rahman, Head of Community Languages Team, Manchester Education Committee, for his help.

Dr David Matthews, Lecturer in Urdu and Nepali at SOAS, University of London, for checking the Urdu texts and for all his valuable advice.

Design by Andrew Shoolbred

First published in Great Britain 1987 by
Hamish Hamilton Children's Books
27 Wrights Lane, London W8 5TZ
Copyright © 1987 text by Susheila Stone
Copyright © 1987 photographs by Chris Fairclough

All rights reserved

British Library Cataloguing in Publication Data
Stone, Susheila
   Nadeem makes samosas. – (Duets)
   1. English language – Text-books for
   foreign speakers – Urdu 2. Readers – 1950-
   I. Title II. Series
   428.6'491439   PE1130.U7
   ISBN 0–241–12049–7

Printed and bound in Great Britain by
William Clowes Limited, Beccles and London

English / Urdu

انگلش / اردو

Nadeem makes Samosas

ندیم سموسے بناتا ہے

Story by Susheila Stone

کہانی ... سُشیلا اسٹون

Urdu by Maherunissa Panwhar

اردو ... مہرالنسأ پنوہر

Photographs by Chris Fairclough

فوٹوگرافی ... کرس فیئر کلف

Hamish Hamilton · London

ہیمش ہملٹن لندن

Mummy and I were standing at the bus stop.
'Where are we going?' I asked.
'To the shops,' said Mummy. 'Let's get on the bus, Nadeem.'

میں اور امی جان بس اسٹاپ پر کھڑے تھے ۔

"ہم کہاں جا رہے ہیں ؟" میں نے امی جان سے پوچھا ۔

"دُکانوں کی طرف" ۔ امی نے بتایا۔ "چلو ندیم بس پر چڑھیں ۔"

First we went to a sweet shop. The sweets looked lovely. Then I saw some samosas.

'Can I have a samosa, Mummy?' I asked.

'Let's make some instead,' she replied.

پہلے ہم ایک مٹھائی کی دکان میں گئے۔ مٹھائیاں بڑی مزیدار لگ رہی تھیں۔ پھر میری نظر سموسوں پر پڑی تو میں نے امی سے پوچھا کہ "کیا میں سموسے لے سکتا ہوں؟" "چلو ہم خود گھر چل کہ سموسے بناتے ہیں۔" امی نے کہا۔

We went to the greengrocer's. Mummy chose some vegetables for the samosas.

پھر ہم سبزیوں کی دکان میں گئے ۔ امی جان نے سموسے بنانے کے لئے کچھ سبزیاں چنیں ۔

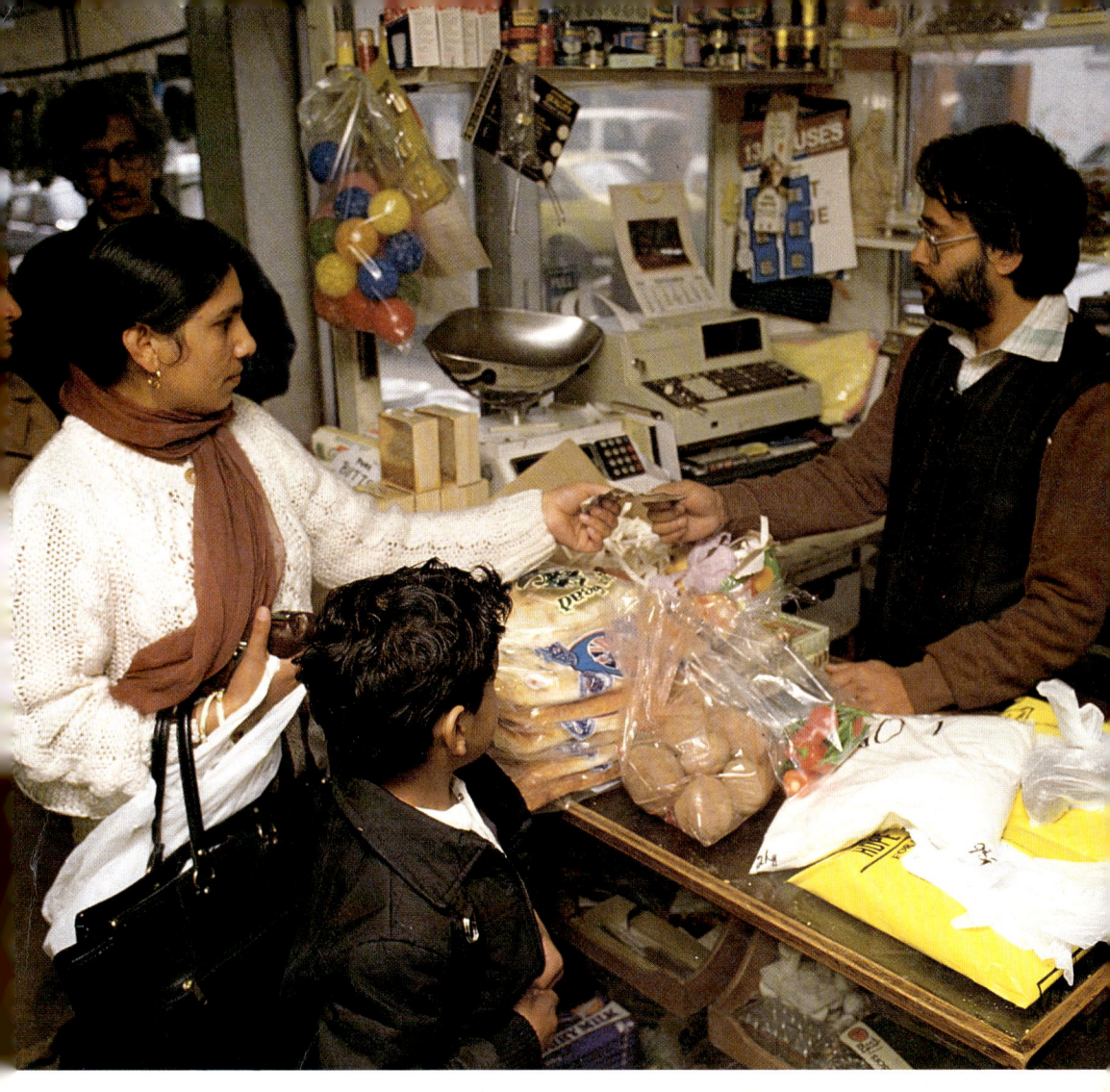

Then we went in and paid for them.

اور پھر ان کی قیمت دکاندار کو ادا کی ۔

When we got home, Mummy gave me an apron to wear. I washed my hands in the sink.

جب ہم گھر پہنچے تو امی نے مجھے پہننے کے لئے ایپرن دیا۔ میں نے اپنے ہاتھ دھو کر صاف کئے۔

My little sister Nagina looked in.
   'Can I help too?' she asked.
   'Yes, but wash your hands first,' said Mummy.

میری چھوٹی بہن نگینہ نے اندر جھانکا اور پوچھا
"کیا میں بھی مدد کر سکتی ہوں؟" "ہاں
لیکن پہلے ہاتھ صاف کر کے آؤ" امی جان نے کہا۔

Mummy told me which spices to get out of the cupboard. She put out the flour, salt, water, ghee and vegetables.

امی جان نے مجھے الماری سے استعمال ہونے والے مصالحے بتائے۔ پھر انہوں نے آٹا۔ نمک۔ پانی۔ گھی اور سبزیاں الگ نکال کر رکھیں۔

First we mixed some flour and water to make some dough. Mummy showed me how to knead it.

پھر امی جان نے آٹے میں پانی ملایا اور مجھے آٹا گوندھنا سکھایا۔

I used my fists to make the dough soft.

'I think I've used too much water. The dough feels soggy,' I said.

Mummy added some more flour.

میں نے مٹھیوں سے آٹے کو نرم کیا۔ "میرے خیال سے میں نے کچھ زیادہ پانی ڈال دیا۔ آٹا بہت نرم ہو گیا ہے۔" میں نے امی کو بتایا تو انہوں نے تھوڑا سا آٹا اور ملا دیا۔

Then she washed the potatoes in the sink. She peeled them and cut them into little pieces.

انہوں نے سنک میں آلو دھوئے۔ پھر آلوؤں کو چھیل کر چھوٹے چھوٹے ٹکڑوں میں کاٹا۔

Nagina sat at the table and played with the peas. She popped a few into her mouth.

'Leave some for the samosas,' laughed Mummy.

نگینہ میز پر بیٹھی مٹر کے دانوں سے کھیلتی رہی۔ اس نے کچھ دانے منہ میں بھی بھر لئے۔ "کچھ سموسوں کے لئے بھی بچانا" امی نے ہنستے ہوئے کہا۔

Mummy cooked the potatoes and peas with the spices. They smelt lovely.

'Keep away from the cooker,' she warned. 'It gets very hot, and it could burn you.'

پھر امی نے آلو اور مٹر مصالحوں کے ساتھ ملا کر پکائے۔ ان کی خوشبو بہت ہی اچھی تھی۔ چولہا بہت گرم تھا۔ اس لئے امی نے ہمیں اس سے دُور رہنے کی ہدایت کی کہ کہیں ہم اپنے آپ کو جلا نہ ڈالیں۔

Mummy stirred the vegetables. She covered the pan with a lid.

اس کے بعد امی جان نے سبزیوں کو دیکھ کر دیگچی کا ڈھکن بند کر دیا۔

‘Teddy wants a samosa,’ said my baby brother, Faisal.

‘Ask Teddy to wait a bit,’ said Mummy. ‘The samosas will soon be ready.’

میرے چھوٹے بھائی فیصل نے کہا ”میرے
ٹیڈی کو بھی سموسہ چاہیئے ۔“

”اپنے ٹیڈی سے کہو تھوڑی دیر اور صبر کرلے ۔“
”سموسے اب جلد ہی تیار ہو جائیں گے ۔“ امی نے جواب دیا ۔

I made little balls out of the soft dough. I flattened them ready for Mummy to roll out.

میں نے آٹے کے چھوٹے چھوٹے پیڑے بنائے۔ اور
امی کی مدد کے لئے ان پیڑوں کو دبا دبا کر رکھ
دیا۔

Mummy rolled out each ball until the dough was very thin. Then she cut each circle in half.

پھر امی جان نے ہر پیڑے کی پتلی پتلی سی روٹیاں بنائیں۔ اور ہر روٹی کے آدھے آدھے ٹکڑے کر کے رکھ دیئے۔

She folded each half into a cone shape.

'Nadeem, spoon some of the vegetables into the cone,' she said.

امی جان نے روٹی کے ہر آدھے ٹکڑے کو کوَن کی شکل
دی۔ " ندیم ! اب تم اس کون میں سبزی بھر دو۔" امی
نے کہا۔

Mummy stuck the edges of the cone together with a little water.

'We must make sure the edges don't open when the samosa is cooking,' she said.

امی جان نے کون کے کنارے پانی سے گیلے کرکے دبائے۔ یہ اس لئے کہ جب سموسے تلنا شروع کریں تو ان کے کنارے کھل نہ جائیں ۔ امی جان نے مجھے سمجھایا ۔

When we had made lots of samosas, Mummy fried them in hot oil. As soon as they were cooked, she put them on a plate.

جب ہم نے کافی سموسے بنا لئے تو امی نے ان کو گرم تیل میں تلنا شروع کیا۔ جیسے ہی سموسے پکتے گئے امی انہیں باہر پلیٹ میں نکال کر رکھتی گئیں۔

My big sister, Nighat, put out some plates and glasses.

میری بڑی بہن نگہت نے کچھ پلیٹیں اور گلاس باہر نکال کر رکھے ۔

I put the plateful of crispy, brown samosas on the table. Then, just as we sat down to eat, the doorbell rang.

میں نے ان خستہ سموسوں کی پلیٹ میز پر لا کر رکھی۔ اب جیسے ہی ہم سب میز پر کھانے کے لئے بیٹھنے لگے باہر والے دروازہ کی گھنٹی بجی۔

Nighat got to the door first. Gulnar and Sadia had come to see us. Their mummy gave us a basket covered with a pretty cloth. Nighat thanked her.

نگہت نے آگے بڑھ کر دروازہ کھولا ۔ گلنار اور سعدیہ ہم سے ملنے آئی تھیں ۔ ان کی امی نے ایک خوبصورت کپڑے سے ڈھکی ہوئی ٹوکری دی ۔ نگہت نے ان کا شکریہ ادا کیا ۔

I lifted the cloth.

'Oh dear,' I said, 'not more samosas! We've just made some vegetable ones.'

'These are meat samosas,' said Gulnar.

میں نے کپڑا ہٹایا تو کیا دیکھا ؟ اف ! سموسوں
کا اک ڈھیر! "ابھی ابھی ہم نے بھی سبزی کے سموسے بنائے
ہیں" میں نے کہا۔ "بھئی یہ تو قیمہ کے سموسے ہیں!" ۔ گلنار
نے بتایا۔

'They look good,' I said. 'But may I eat one of my samosas first?'

I took a bite. 'It's delicious!'

'Leave some for us, Nadeem,' laughed Mummy.

"یہ تو اچھے لگ رہے ہیں،" میں نے کہا "لیکن کیا میں پہلے اپنے سموسے کھا سکتا ہوں؟"۔ اور پھر میں نے تھوڑا سا سموسہ چکھا۔ واہ! کتنا مزیدار ہے۔
"ندیم کچھ ہمارے لئے بھی بچانا"۔ امی نے ہنستے ہوئے کہا۔